La Fórmula del Amor
Sabiduría

$$4^{a} + V + R + S$$

Luis Miguel Valderrama

(Basado en 'Maestría del Amor', de
Gerardo Schmedling)
JUNIO 2020
CALI COLOMBIA

PROLOGO

Hace varios años tuve el privilegio y la fortuna de conocer la información de Consciencia de Gerardo Schmedling, creador de la Escuela de Magia del Amor, de Colombia, para el mundo. Me conectó de tal manera que la empecé a trabajar e interiorizar. Hoy en día la aplico en todos los aspectos de mi vida porque he comprobado que es útil y eficaz, además la comparto a las personas y organizaciones que asesoro, acompañada de toda la información de consciencia que en el curso de los últimos 30 años he ido recibiendo, conociendo y aplicando.

En este material encontrarás lo que he llamado **LA FÓRMULA DEL AMOR-SABIDURIA**; es una propuesta basada en la aplicación diaria de los 7 principios de Amor enseñados por Gerardo, con mis aportes e ideas personales para que vivamos de forma consciente y podamos ayudar a construir una nueva humanidad donde los seres humanos se permitan Ser y expresar toda su verdadera dimensión, la espiritual, la que lleva a Vivir en Plenitud total en el Planeta Tierra.

La invitación es la de emprender esta experiencia como un viaje, estamos en la recta final como humanidad en el planeta. ¿Quieres hacerlo?

No te quedes de espectador, ojalá te animes.

La brújula de este viaje es **LA FÓRMULA DEL AMOR-SABIDURÍA** y ¿cómo usarla?, Es lo que te voy a compartir.

Por favor ten presente: cuando los seres humanos asumamos nuestra tarea, cuando descubramos que es a partir de un trabajo de fortalecimiento interior y reconocimiento de nuestra grandeza espiritual, no de ego, es que podremos reflejar en el exterior, todos nuestros tesoros, para lograr la transformación de nuestra amada tierra.

Tú puedes hacerlo, tienes una fuerza interna de co-creación que alineada con la fuente divina, hace Milagros.

DEDICATORIA

A los Maestros de Sabiduría que trasmitieron esta información y a su canal, Gerardo Schmedling.

Igualmente, a la sabiduría del Eneagrama y a quienes lo han transmitido y profundizado.

CONTENIDOS

INTRODUCCION

SITUACION ACTUAL DEL PLANETA

Estamos presenciando un período de la humanidad en la que como el águila a los 40 años- mismo período de transición de la humanidad-, debe renovarse. Tal vez, hayas escuchado que las águilas, cuando cumplen 40 años, pueden tomar una elección de vida o de muerte, si eligen vivir casi duplican su edad, pueden llegar a vivir 76 años, pero para ello tienen que subir al peñasco más alto y permanecer allí entre 150 y 180 días para desprenderse de sus garras, su pico, su plumaje y renovarse totalmente.

En el momento actual, la humanidad tiene, como el águila, una elección qué tomar y si es tan sabia como este majestuoso animal, la humanidad entenderá que debe renovarse para alzar un nuevo vuelo, pleno de gloria y satisfacción por el reto asumido, superado y aprendido.

En este símil, la humanidad debe desprenderse del miedo, el orgullo y la vanidad, la terquedad, el machismo y la imposición, debe desprenderse de su tendencia a la intromisión e interferencia en las experiencias de los demás, la humanidad debe renunciar a prohibir, debe renunciar a agredir en pensamiento, palabra y obra, y se debe renovar para cambiar estos comportamientos, sentimientos y actitudes por los valores y herramientas que le permitan vivir en dicha, felicidad y armonía.

Estamos en la última parte de estos 40 años, iniciados en la década de los 80, además que a partir del 2.013 empezamos a vivir una nueva frecuencia en el planeta, año en que hubo muchos ajustes que debimos sentir personalmente; el 2.014 fue el tiempo en que nos acomodamos y en el 2.015 iniciamos a construir lo nuevo. Fue como nuestro segundo año de la Nueva Humanidad en que todavía hay brotes de la negatividad que poco a poco serán vencidos por la Iluminación y el apoyo de las Maestrías Divinas.

Es posible vivir el paraíso en tierra si nos renovamos y vivimos el Amor-Sabiduría, a través de los 7 principios básicos: **Aceptar, Asumir, Actuar, Agradecer, Valorar, Respetar, Servir.**

☐

Estos Principios constituyen

LA FÓRMULA DEL AMOR-SABIDURÍA.

Rayo regente para nuestro planeta, encarnado por Cristo, y segundo de los siete (7) rayos de energía que impactan en nuestra creación, el cual desarrollaremos en este libro.

Los otros rayos en el ser humano son:

- Voluntad-Poder
- Actividad inteligente
- Armonía
- Conocimiento y ciencia
- Devoción y entrega
- Orden y ceremonial

Veamos las características en el individuo evolucionado, y en el poco evolucionado, en cada rayo, según lo explicó "Trigueirinho" (q.e.p.d.), en su obra: "Léxico esotérico".

En el Individuo evolucionado:

1. **Voluntad-poder**: Amor por la concentración, determinación, capacidad de coordinar grupos y emprendimientos, persistencia, paciencia, impasibilidad.

2. **Amor-Sabiduría**: Comprensión intuitiva de los otros y de la vida, entrega espontánea a la Fuente de la Vida, desapego, compasión, impersonalidad.

3. **Actividad inteligente**: Discernimiento, adaptabilidad, telepatía superior, capacidad de abstracción filosófica, lógica, uso correcto del tiempo, creatividad superior, inteligencia, capacidad de establecer prioridades.

4. **Armonía**: Intuición, capacidad de reconocer necesidades amplias y de armonizar opuestos, síntesis.

5. **Conocimiento y ciencia**: Conexión con realidades internas, conocimiento del alma, amor a la Verdad.

6. **Devoción y entrega**: Voluntad persistente, unión con la Verdad, devoción por la Vida Única y entrega incondicional a ella.

7. **Orden y ceremonial**: Conocimiento oculto de la vida, flexibilidad y rigor, expresión de orden interno, actividad grupal ordenada."

☐

En el Individuo poco evolucionado:

1. **Voluntad-poder**: Orgullo, ambición, arrogancia, imposición de la propia voluntad sobre los demás, autoritarismo, crueldad, unilateralidad.

2. **Amor-Sabiduría**: Tendencia a la inclusión no-selectiva, apego, relación pasional con personas y situaciones, curiosidad, locuacidad, temor.

3. **Actividad inteligente**: Impulso a la actividad indiscriminada, dispersión, rigidez, predominio de aspectos instintivos, separatividad, cristalización en conceptos, ilusión de estar siempre ocupado, creatividad mental, control de los demás en beneficio propio.

4. **Armonía**: Conflicto, dualidad, sensualidad, ilusión de ser creativo.

5. **Conocimiento y ciencia**: Ilusión con datos observables, desprecio por lo intangible, enjuiciamientos a partir de preconceptos, convicción de ser el dueño de la verdad, intransigencia, apego a ideas.

6. **Devoción y entrega**: Fanatismo, emotividad exacerbada, idolatría, apego al objeto de devoción.

7. **Orden y ceremonial**: Superstición, rigidez, cristalización en aspectos formales, minuciosidad exagerada, separatismo."

1 AGRADECIMIENTOS

A la Divina Presencia del Santísimo Sacramento de la Eucaristía, que, al arrodillarme en un momento de profunda depresión, frente a él, en la Iglesia del Sagrado Corazón de Jesús, de los Jesuitas, en Cali, Colombia, sentí que me levantaba el ánimo y me daba paz, esperanza y consuelo.

A mi esposa Marta Lucía, por su apoyo constante en mi vida y por su revisión a este material.

A Oswaldo Arredondo, por su apoyo en la edición y difusión digital de esta obra

2 PRINCIPIOS DEL AMOR-SABIDURIA

Son las 7 'herramientas' con las que podemos construir Amor con sabiduría, en nuestras vidas, y dejar de usar 'armas' como son: **la agresión, la imposición, la prohibición y la interferencia**; estas son usadas para hacer la guerra y destruir nuestras vidas.

Te invito a conocer y a vivenciar estos principios para que construyas una vida de Amor y Sabiduría.

PRINCIPIO 1: ACEPTAR

Acepta todo lo que te está pasando.

No hay otro camino sano.

Lo que pasó ya pasó.

¿Para qué lo rechazas?

Sólo te traerá enfermedad y sufrimiento.

Acepta el dolor y no sufrirás. Pasará más rápido.

Aceptar era un arte y se convirtió en ciencia de cuarta dimensión. La **Aceptología** surge como herramienta para seguir avanzando hacia la perfección del Amor. La necesitamos para recibir en paz todos los cambios que estamos experimentando en el planeta y para fluir en armonía con todos esos cambios.

Necesitas entender y comprender que el Universo marcha como debiera, tal como lo decía el poema "Desiderata"; que a Dios no se le sale nada de las manos y que no nos queda otro camino que Aceptar que todo es perfecto, incluso el derrumbe de las estructuras sociales, políticas y económicas que el mundo está viviendo en estos momentos cruciales.

Es necesario este derrumbe de lo viejo para que renazca lo nuevo.

Es muy importante mantenerte sereno y para ello la aceptación es el camino. De esta manera podrás expresar la **"Neutralidad"**.

Sentirás cambios en tu cuerpo y mente, se exacerbarán tus emociones y se enfrentarán los opuestos, para delimitar espacios diferentes de experiencias vitales para tu posicionamiento en este tiempo de cambio planetario.

Es decir, tienes que Aceptar que algo está pasando y no hay tiempo que perder.

Este es el momento cuando todas las energías de los maestros de luz están disponibles y a tu alcance para hacer realidad tus sueños de amor y vida feliz en el planeta, después del proceso de purificación y transformación que ya inició y que también necesitamos aceptar e interiorizar.

¡Aprovecha estas energías de luz!

Si tú te dispones, el Universo te impulsará y catapultará a estados de conciencia y satisfacción personal nunca antes soñados en esta vida.

No necesitas morir, físicamente, a esta vida terrestre, para renacer a la plenitud de la vida en otro lado. Hoy, aquí y ahora lo puedes hacer, pues la Tierra está evolucionando.

Acepta que viene una nueva humanidad. Te doy dos ejemplos: hace algunos años, en Estados Unidos de Norteamérica eligieron, por primera vez, un presidente Afroamericano; hace menos años, en el Vaticano eligieron el primer papa latinoamericano, símbolo del derrumbe de lo antiguo y renacimiento de lo nuevo.

La nueva esperanza se centra ahora en Latinoamérica que parirá a la Nueva Humanidad. Es el matrimonio entre el águila (símbolo de Norteamérica) y el cóndor, (símbolo de Latinoamérica).

La nueva humanidad necesita que desarrolles todo tu potencial y para ello te invito a trabajar la **CONFIANZA** en ti mismo y en que recibirás el apoyo de seres de luz para que te realices y seas feliz.

Al universo le conviene que seas feliz para que aportes entusiasmo y alegría al cosmos.

Dios te dio valores únicos que debes desarrollar y poner al servicio de la humanidad.

¿Qué te está deteniendo en este preciso momento?

¿Miedos?, ¿Creencias?, te sugiero leer y trabajar con mi libro 'Manual de Crecimiento Interior', para que los descubras y sanes.

No es momento de dudar ni tragar entero. Observa a los niños. De ellos es el reino de los Cielos. Nacemos inocentes, pasamos por ignorantes en la adultez y podemos convertirnos en sabios, desde nuestra conciencia. Sal de la ignorancia aprendida y observa qué te funciona bien; pregúntate:

- **¿Qué me hace feliz?**

Acepta todo, no te resistas a nada y así no sufrirás.

Lo que resistes, persiste. Camina feliz, no camines en busca de la felicidad. Es la trampa del tiempo lineal. Vive el presente. **Camina feliz.** Elígelo. Decídete.

- **¿Qué me da paz?**

Tu paz no puede depender de nada ni nadie externo. En ti mismo está la fuente de paz. Ten paz como la tuvo Jesús, en cualquier circunstancia.

¿En situaciones desafiantes para ti, te alteras o logras tener paz?

Recuerda, **no es estar en paz**, es **tener paz**.

Estás en paz, cuando dependes de las circunstancias externas favorables para ello, y tienes paz cuando logras mantenerla en las situaciones difíciles, porque la paz es parte de ti.

Pídele a Jesús que te dé de Su Paz.

- **¿De qué depende mi prosperidad?**

Recuerda que la prosperidad no está asociada solamente al flujo de efectivo, la prosperidad está asociada a la plenitud con la que disfrutas tu vida, tus relaciones, tu quehacer cotidiano.

La prosperidad depende, en gran medida, del nivel de amor y servicio que tengas hacia los demás. Descubrir tus valores y talentos personales y ponerlos al servicio con amor, bendecir y agradecer, ese es el secreto del éxito.

Renuncia a sufrir por las decisiones que necesites tomar. Tómalas en consciencia, pide luz, conéctate con tu fuente de Amor: Dios.

Solamente tu felicidad y tu paz marcan tu derrotero.
No te dejes derrotar por el qué dirán.

Acepta que estás en un proceso de aprendizaje:
APRENDER A SER FELIZ POR TI MISMO.

Acepta que el pasado y los errores cometidos no son para culparte, son para aprender de ellos. Acepta que cada quien hace lo mejor que puede con la información de consciencia que tiene, por lo tanto, no gastes tu tiempo en juicios sin sentido.

Comprende que tú y cada quién están en su proceso de crecimiento, en el camino hacia Dios: que es la plenitud.

¿Y si logras la plenitud ya? **¡Entonces ya llegaste!** ¿A dónde?

A la experiencia maravillosa de vivir la vida plenamente consciente, agradecido, feliz, aceptando todo en paz y serenidad, sirviendo con Amor, para dejar este planeta, al trascender tu cuerpo físico, mejor de lo que lo encontraste al nacer, habiendo amado, cuidado y servido a sus 4 reinos: humano, animal, vegetal y mineral. Formados a su vez por el reino elemental.

Sólo acepta que puedes ser feliz por ti mismo, tener paz invulnerable y servir incondicionalmente a tus semejantes.

Es todo lo que tienes qué hacer y aprender, ese es el cielo aquí en la Tierra:

Si puedes ser feliz con lo que tienes, puedes ser feliz con cualquier cosa y en cualquier lugar del universo.

Acepta que no puedes ayudar a los demás si no te ayudas a ti mismo primero. No puedes dar de lo que no tienes.

Acéptate a ti mismo para aceptar a los demás.

Quiérete. Conócete.

Empieza por aceptar cada parte de tu cuerpo. Mírate al espejo y hazlo.

Ve ahora mismo y regresa a seguir leyendo, interiorízalo.

Acepta las diferencias entre las personas y entre las especies y respétalas. Todas son creaciones de Dios. Ama la vida en todas sus expresiones.

Aceptar todo lo que pasa es aceptar la voluntad del Padre Creador. Es de verdad creer en Él. En caso contrario, estarías pensando, afirmando o sintiendo que Dios es imperfecto, que algo se le salió de las manos.

Recuerda: la Aceptación es el camino al no sufrimiento, entonces Acepta y vive Feliz.

Es Difícil Aceptar la Verdad

Cuando esa mentira era todo lo que querías escuchar

PRINCIPIO 2: ASUMIR

Hazte cargo y responsabilízate por todo lo que pase en tu vida.

Todo comienza con un pensamiento; luego vienen los sentimientos (si piensas que algo es injusto, te sentirás mal. Si piensas que ese algo es perfecto y necesario, te sentirás bien).

El sentimiento te permite saber, cómo estás actuando; es como un termómetro interno: si sientes paz, estás actuando bien, si no sientes paz, debes corregir el rumbo.

Debes controlar los pensamientos que son como olas que llegan a la playa de tu mente, generalmente generados por barcos que siguen su camino. (Por ejemplo, creencias populares que haces tuyas). No eres responsable por esos barcos y dejas que reboten esas olas en tu mente como rebotan las ondas en el agua de un estanque, al caer la piedra en él.

Aprende a generar tus propias olas, desde tu interior, conectando con la Divinidad, con tu Ser Superior.

Desde el silencio, en tu remanso de paz interior, pide a tus maestros y guías espirituales la luz que ilumine tu camino, la luz que ilumine tus pensamientos para que no te conviertas en víctima de las circunstancias sino, en el amo de tu destino y capitán de tu alma, como dice el poeta William Henley. Así podrás Asumir tu vida, las consecuencias de tus actos y podrás hacerte responsable por ti, y no culpar a otros.

Piensa en el siguiente símil como ejemplo práctico: una diligencia, carruaje tirado por caballos, dirigidos por un cochero. Tú eres el dueño de la diligencia y olvidas este hecho, no asumes tu propiedad y dejas que los caballos (el instinto) tiren del carruaje a su amaño. La mayoría de las veces, el cochero (la mente), se cree dueño de la carroza y tira de ella según sus creencias. Un día decides adueñarte nuevamente del carruaje y empoderarte, de esta manera le dices a tu mente (el cochero) hacia dónde debe llevar la diligencia, controlando a los caballos.

Puedes recuperar tu poder y reafirmarte. Con la práctica de la meditación y oración diaria, fortaleces tu conciencia, para adueñarte de tu poder y así asumes tu quehacer y le pones rumbo a tu vida, sin acusar y culpar a otros.

Acusas y culpas cuando te identificas con el ego, cuando te crees separado de la Fuente Divina. Recuerda: no estás separado de Dios; eres su creación de Amor, no estás solo.

Tal vez en la superficie parecemos islas separadas, pero en lo profundo (en el fondo del mar), estamos conectados y hechos de la misma materia, tierra.

No tienes qué defenderte de nada ni de nadie si estás centrado en el ser, en el Amor, en la conciencia profunda de ser hijo de Dios, creado a su imagen y semejanza.

Cuando asumes tu vida, tus pensamientos, sentimientos, emociones y acciones, te haces responsable por la cosecha de los frutos que han dado las semillas sembradas por ti: **la siembra es voluntaria, la cosecha es obligatoria.**

Cuando asumes tu vida y las consecuencias de tus actos, puedes cambiar lo que no te gusta, porque tienes el poder de elección para ello.

Recuerda: **<u>Somos libres para decidir y somos esclavos de nuestras decisiones</u>**, entonces elige bien, elige desde el Amor, elige lo que te de Paz y si no lo haces, ten presente que siempre puedes volver a elegir. Dios está contigo, te guía e ilumina con sus ángeles.

☐

PRINCIPIO 3:   ACTUAR

Hacer sobre nosotros mismos y no sobre los demás.

Hacer con tranquilidad, inteligencia y creatividad.

Hacer buscando lo nuevo y reconfortante.

Hacer con comprensión, sin resignación.

Al actuar sobre ti mismo, aprovechas las circunstancias en las que estás inmerso, para trabajar y aprender más acerca de ti.

Tu prioridad no debe ser actuar para cambiar lo externo, no hay necesidad de ello, necesitas adaptarte a lo externo y cambiar internamente.

El mundo exterior es proyección de tu mundo (pensamiento) interior así que, si transformas tu interior, como por arte de magia, cambia tu percepción y lo externo se transforma por correspondencia. (Un milagro es un cambio de percepción, según "Un Curso de Milagros").

Cuando te encuentres en una situación donde no encuentras resultados satisfactorios como respuesta a tu Actuar, pregúntate:

¿Qué aprendo de esta situación?

Mientras no encuentres la respuesta (aprendizaje,) la situación se seguirá repitiendo en tu vida, de diferentes maneras. Al comprender tu aprendizaje y cómo se generó esa correspondencia con la situación, podrás sanarla y trascenderla y así evitar que se repita.

Actuar tiene qué ver también con dejar hacer al otro. Respeta su proceder y no interfieras; lo que te puede corresponder, en determinado momento, es no hacer nada. Es la acción de la no acción consciente.

En este caso, acude a tu Sabiduría interior para saber cuándo debes intervenir y cuándo no. Tu actuar debe ser con 'humildad' y desde la comprensión.

En algunas oportunidades tu acción debe ser escuchar. Tu escucha debe ser activa, lo que implica ponerte en los zapatos de la otra persona, no juzgarla, no caer en juegos de defensa y ataque, implica también comprenderla y respetar su punto de vista. Respetar su punto de vista no es compartirlo, es validar su derecho a opinar diferente a ti.

Cada quien tiene su trozo de verdad y todos vamos poco a poco descubriendo verdades con nuestro vivir.

A veces también debes ser firme en el sentido de hacer respetar tu espacio vital, pero sin agresión, es decir, DELIMITANDO:

'Tú allá, yo acá'.

Al aceptar que todos tienen derecho a expresarse como mejor piensen, estamos incluidos todos, tu y yo, por lo que si consideras que hay algo que no te corresponde vivir, lo puedes expresar con claridad y tranquilidad, de forma armónica y amorosa; y si no observas cambios, estarías en la posibilidad de alejarte de esa situación. Pero nunca olvides que 'Dar es igual que Recibir', así que si quieres respeto debes otorgarlo tú primero.

La vida te dirá si estás listo para salir de esa situación, por haber aprendido lo que necesitabas aprender de ella, o tal vez te permita alejarte un tiempo para recobrar energías y volver a enfrentarte a ella más descansado y fortalecido, hasta que logres captar el aprendizaje que esa situación te ofrece.

Es vital que al Actuar, tengas en cuenta que es en el **equilibrio (punto medio) donde siempre está la verdad**, como recordaba Aristóteles en la Ética Nicomaquea.

Busca encontrar coincidencias más que diferencias y no polarices.

El universo responde a la acción, así que Actuar es la mejor forma de aprender.

Sólo donde puedas actuar, se encuentra tu realidad presente.

Después de actuar puedes observar los resultados y evaluar si te satisfacen o no. Es imposible saberlo sin actuar: ese es el sentido de la vida.

Por lo tanto, debe desaparecer el miedo a equivocarse.

Sólo cuando nos hemos equivocado lo suficiente y hemos aprendido de nuestras equivocaciones es que nos convertimos en maestros de sabiduría. No antes.

Hay que recorrer el camino. Empieza ahora y no pares hasta llegar a sentirte uno con Dios y actuar sólo guiado por ÉL.

También debes tener paciencia para esperar los resultados de tus acciones.

Te comparto la que para mí es la mejor definición de **paciencia: HACER ALGO MIENTRAS TANTO**. Paciencia es esperar sin ansiedad, es saber que los tiempos de Dios son diferentes a los de nosotros, el tiempo de Dios es el no tiempo, la eternidad.

Cuando actúes debes desapegarte del resultado, ése depende de Dios y la vida, que es su expresión: su campo de juego. Haz lo mejor que esté en tus manos y desentiéndete del resultado.

Actúa confiadamente, esperando siempre lo mejor, pero ábrete a aceptar cualquier resultado de la vida: ella es más sabia que tú.

Sé prudente: al hablar, no hieras; y al actuar, no te excedas por vanidad. Haz lo necesario, lo justo para que las cosas sigan su rumbo y no las entorpezcas con excesos.

No hagas lo que no te han solicitado hacer; como dirían las mamás, no seas metido.

Tu deber es Ser firme y amoroso al mismo tiempo. Es lo adecuado y necesario: Es posible. Es un reto permanente. El miedo no nos deja ser firmes. El amor sí, con sabiduría.

Si después de Actuar tienes inquietudes, estas cuatro preguntas te pueden servir:

1. ¿Cómo llegué a ese resultado? ¿Qué hice para obtenerlo?
2. ¿Qué aprendo de él?

3. ¿Cómo evito que vuelva a suceder si no fue satisfactorio?

4. ¿Cómo solucionarlo?

Busca un espacio seguro para este ejercicio, puedes aprovechar la naturaleza que te permite transmutar las emociones negativas.

Al responder conscientemente estas preguntas, te haces responsable y puedes transformar lo que esté a tu alcance. (Tus pensamientos, sentimientos, emociones y acciones) o aceptar en paz y serenidad, lo que no puedes cambiar (lo externo). Tu realidad es 10% lo que pasa afuera y 90% lo que tú haces con eso.

Recuerda, Actúa sobre ti mismo y deja que cada quien haga lo mismo consigo mismo. Se necesita tiempo y paciencia. Vive y deja vivir o experimentar.

Respeta a todo ser vivo. Trasciende tus miedos. Observa tus creencias y temores. No agredas. Establece barreras para que cada quien tenga su espacio vital donde pueda expresarse sin incomodar al otro, pero no impidas que el otro se exprese.

Cada quien puede expresar lo que quiera y tú no tienes por qué molestarte por eso. Está en su derecho. Es su opinión. Si la tuya es diferente, puedes también expresarla libremente, de la manera más amorosa posible, o delimitar, haciendo respetar tu espacio vital y personal.

PRINCIPIO 4: AGRADECER.

Reconoce y Bendice tu vida y cada instante de tu tiempo, tiempo para ser, para expresarte, para sentir cosas lindas, para aprender, para reconocer la Divinidad en ti y en todo lo que te rodea.

¿Puedes ver detrás de una rosa, una sabiduría hermosa que crea armonía, aromas, belleza, color, texturas suaves, etc.?

¿Te atreves a pensar que hay caos en lugar de 'Sabiduría y Amor: Conciencia', ¿detrás de toda la creación?

Agradece por cada dificultad que tengas en la vida, pues es la oportunidad de crear una nueva solución para ti, de conectarte con tu sabiduría interna y de aprender algo nuevo para crecer en experiencia y en verdad.

Todo el planeta es una oportunidad para que aprendas a amar, a compartir lo que hayas aprendido, para aprender a servir con todo tu ser: eso es amar.

Ábrete a recibir todo lo bueno que la vida tiene para ti, para disfrutarlo y así poder agradecerlo luego.

¿Te has dado cuenta que cuando piensas que algo trágico ha sucedido, con el pasar del tiempo encuentras un gran aprendizaje y 'el para qué' de tal situación 'catastrófica'?

Las dificultades te enseñan algo y las 'crisis' son la oportunidad de oro para que demuestres que has aprendido la lección, saliendo avante.

Agradece y Disfruta de la vida y todo lo que te ofrece.

Agradece la inmensidad del universo y todas las posibilidades que se te presentan en esa inmensidad.

Agradece a todas las personas que te rodean y te aconsejan, a tus padres por traerte a esta experiencia maravillosa de vivir en este hermoso planeta que hoy está renaciendo, aún en medio de la purificación, que recién comenzó con esta cuarentena planetaria del COVID-19.

Agradece a las plantas porque te dan alimento, curación y sanación emocional.

Agradece a los animales por su trabajo, compañía y posibilidad de compartir ternura, cuidado y caricias.

Agradece la inteligencia que te permite tener más comodidades con el desarrollo tecnológico.

Agradece el canto y el vuelo de las aves en el cielo.

Agradece las nubes, el viento que te acaricia y al agua que te refresca y con la que puedes divertirte si quieres. Es la base de tu vida, su estructura maestra.

Yo agradezco la majestuosidad de un paisaje de montañas, aves, ríos, lagos, animales, personas, sol, luna, agradezco que pueda compartirte mis ideas en este texto de amor y que tú puedas y quieras recibirlas.

Gracias Padre Celestial por el regalo de la vida misma para apreciarte y regocijarme en tu creación divina.

Agradezco a mi pareja por ser tan feliz a su lado, a las personas que me rodean que me permiten apreciarlas o trabajar la tolerancia y a aquellos que se convierten en retos, pues son mis entrenadores para aprender a mantener mi centro de paz, amor y servicio incondicional.

PRINCIPIO 5:   VALORAR.

Aprecia todo lo que la vida te da, los seres y las cosas que tienes.

Valora tus hijos, pareja, padres, familiares y amigos.

Valora la naturaleza con toda su perfección y armonía. Cuídala.

Valora los animales y exprésales ternura y cuidado.

Valora las cosas materiales, bienes y propiedades y conviértete en excelente administrador (sabiamente), mientras las tengas, con completo desapego. Disfrútalas sin apegarte.

Valora tu trabajo, estudio, y todas las posibilidades que te permiten desarrollar tus talentos y habilidades.

Valora la madre tierra, tu tarea es implantar Amor en el planeta y cuidar la tierra.

El que no valora lo que tiene, está en camino de perder lo que necesita.

No esperes a perder personas o cosas para darte cuenta de su valor.

Disfruta de toda tu riqueza interior, eres potencialidad pura, tienes talentos, dones, habilidades.

Enfócate, en lo positivo de cualquier persona, situación o cosa.

Así permites que esa cualidad crezca y fortaleces la expansión de la luz y el Amor.

La oscuridad es ausencia de luz. No es nada en sí misma.

Visualiza positivamente tu vida en todos sus aspectos.

Valora la vida como la posibilidad de actuar y de aprender a ser feliz sin depender de nada ni de nadie.

Valora la muerte como el fin de un ciclo y la posibilidad de evaluar lo aprendido.

Piensa en este instante qué valores tienes tú y qué valores tienen los 3 seres más cercanos a ti.

¿Fue fácil encontrarlos?

Pareciera que no estamos acostumbrados a identificar lo positivo en nosotros y en los demás tan fácilmente como lo negativo, ¿verdad?

Te propongo que cambies esta disposición haciendo un ejercicio: al levantarte cada día identifica 5 aspectos de tu vida para reconocer su valor más profundo e intrínseco; aprecia qué te sirve y te da satisfacción: tus sentidos, el aire, la luz, tu casa, tu cama, tu pareja, tu mascota, tu hijo, tus padres, tus hermanos, tus amigos, tu consejero, etc.

No luches contra lo negativo, expresa y reconoce lo positivo.

Valora la libertad que tienes para equivocarte y aprender a reconocer que hay formas de hacer las cosas que aún no conocías.

Valora que tienes un ángel de la guarda que te advierte, de diferentes maneras, las situaciones desagradables que no tienes qué vivir y que tienes un ángel de la guía que te muestra las oportunidades, que requieren tu atención y dedicación para que seas feliz en esta Tierra.

Escúchalos, está atento a sus señales como: Pensamientos, bloqueos, consejos, avisos: radiales, televisivos, internet, callejeros; mensajes a través de familiares o desconocidos.

Permanece alerta al sufrimiento que te está indicando que no estás en lo correcto y te lleva a buscar otras opciones. El dolor es inevitable en la experiencia de vida, pero el sufrimiento, respuesta mental, sí se puede evitar, no aplicando resistencia, y más bien 'aceptación'.

Valora que tienes quién te enseñe y a quién enseñar lo que sabes. Eso es compartir.

Valora que puedes ser humilde, pedir perdón, y ser feliz.

Valora que estás leyendo esta información que te ayudará a construir el mundo que te mereces: de amor, dicha y prosperidad.

No te de miedo abrir espacios en tu vida y en tu mente porque por ley, en este mundo, todo espacio vacío se llena y usualmente con algo mejor, si aprendiste de la experiencia.

Y lo más importante, valórate a ti mismo, eres una creación de Dios, tu esencia espiritual te hace un Ser de Luz y Amor, vive de acuerdo a esto, y pide la guía para hacer siempre lo mejor que puedas, de tal forma que siempre te expreses desde la mejor y mayor versión de ti mismo. Somos lo mejor de nosotros mismos. Lo mejor de ti, se conecta con lo mejor de los demás: lo invita, lo atrae.

PRINCIPIO 6: RESPETAR.

Las personas tienen diferentes puntos de vista, pensamientos, creencias que debes honrar para evitar conflictos. La propuesta es buscar lo que nos une, no lo que nos separa, y reconocer que tras las aparentes diferencias somos en esencia Uno, los hijos de Dios.

Somos Uno desde el Ser, pero desde la personalidad tenemos diferentes formas de comportarnos y expresarnos. Es muy importante que conozcas el abanico de posibilidades de comportamientos para que puedas evitar vivir muchos conflictos.

El Eneagrama, es una herramienta de autoconocimiento que permite descubrir tu personalidad dentro de nueve tipos diversos.

En este prisma de personalidades puedes ver dónde encajas mejor y saber que puedes encontrar esas diferencias sin pretender que los demás actúen y piensen igual que tú.

Gran información para poder aplicar el respeto en las relaciones humanas.

Te haré una breve descripción de cada una de las nueve personalidades:

1. **Podemos encontrar personas con tendencia a ser perfeccionistas** que pueden alterarse fácilmente cuando las cosas no salen como esperaban o creían, pero son muy ordenadas y objetivas.

2. **También hay personas que piensan más en los demás que en ellos mismos, son muy serviciales**, pero no se dan la misma importancia para satisfacer sus necesidades, buscan reconocimiento, aprobación y ser amados.

3. **Igualmente encontramos aquellos para quiencs lograr, es lo más importante**; dando imagen de eficientes antes que cualquier cosa; pueden dejar de lado la expresión de sentimientos de manera natural para crear una imagen no necesariamente honesta con su sentir interno. Son muy buenos para administrar recursos y grupos, al mostrar una imagen modelo de eficiencia y éxito.

4. **También encontramos los artistas**, que están conectados con ellos mismos y viviendo el presente, por lo que pueden ser más creativos que los demás y lo demuestran actuando de manera diferente, pues no quieren ser como la mayoría de las personas, pero luego se sienten 'excluidos'. Pueden ser muy nostálgicos y no se adaptan fácilmente, fluctuando emocionalmente entre la euforia y la depresión.

5. Igualmente hay personas con tendencia a ser más intelectuales, racionales, que quieren tener información de todo y en detalle para sentirse seguros. Les gusta estar solos para pensar, pueden desconectarse fácilmente de una situación sentimental y volver a ella luego, aplicando su raciocinio característico. Deben aprender a compartir lo que saben y tienen, con el grupo que los rodea.

6. Hay personas que son muy leales y les gusta pertenecer a grupos, aunque al principio dudan de la autoridad hasta asegurarse de que tienen buenas intenciones. Tienden también a apoyarse mucho en las opiniones externas sobre todo las de autoridad, antes de actuar. Les convendría trabajar la confianza y creer más en ellas mismas actuando con su propia intuición.

Otra característica es que piensan mucho en lo que pueda salir mal y hacen planes   para que eso no suceda, por lo tanto, pueden estresarse mucho.

7. Otro grupo de personas muestra su alegría y entusiasmo permanentemente, siendo el centro de atención en las reuniones, hablando anecdóticamente y concretando los temas con su capacidad de síntesis.

No les gusta lo desagradable y a veces pasan por alto lo que deben enfrentar, porque no es agradable. Tienen muchos proyectos en la cabeza y andan corriendo de aquí para allá haciendo un poco de todo.

Deben aprender a calmarse, ordenarse y priorizar, además de tomarse un tiempo para sí mismos y no esperar a que el cuerpo los obligue a la pausa con alguna enfermedad.

8. Los llamados 'Jefes', a quienes les gusta mandar y hacer que los otros hagan lo que ellos quieren. A pesar de respetar la autoridad les gusta más, ser ellos la autoridad misma. Les gusta que los confronten y defender a los débiles. Así demuestran su amor por los otros. Deben aprender a no excederse y más bien mostrarse vulnerables para que los demás los ayuden con gusto.

9. Finalmente, el grupo de los ecuánimes, que se conectan fácilmente con las cosas agradables de los demás, pero no les gusta la confrontación. Van a su propio ritmo y se hacen empujar de los demás. Buscan la conciliación. Deben ser más proactivos y colaboradores, involucrarse con los procesos a su alrededor. Se han desconectado de su propio sentir y buscan distracciones y comodidades externas.

Igualmente, podemos tener en cuenta que las motivaciones primordiales del ser humano son 3: el logro, la afiliación y el poder, y que cada una de estas motivaciones se manifiesta de manera diferente, de acuerdo a la personalidad que hayamos desarrollado, así:

1. Logro:

- **Personalidad 5**: lograr conseguir toda la información posible.
- **Personalidad 7**: lograr disfrutar al máximo y hacer la mayor cantidad de cosas posibles al mismo tiempo.
- **Personalidad 3**: Se identifica con sus logros de manera personal e íntima.

☐

2. Afiliación:

- **Personalidad 2**: quiere sentirse necesitado y aprobado por los demás, satisfaciéndolos.
- **Personalidad 6**: desea pertenecer a grupos mostrando su apoyo y lealtad.
- **Personalidad 4**: pretende ser aprobado por los demás siendo diferente y auténtico.

3. Poder:

- **Personalidad 1**: Desea controlar a partir de la norma, haciéndola cumplir, y haciendo todo perfecto para tener el control de la situación.
- **Personalidad 8**: Ante todo, logra lo que se propone sin importar cómo. Le gusta controlar personas y situaciones.
- **Personalidad 9**: Pretende controlar sin que se note. Sin oponer resistencia, pero 'seduciendo', o convenciendo con su ´suavidad'.

Igualmente, la parte del ser humano que más deben tener en cuenta estas personalidades es:

1. Mente:

- **Personalidad 5**: piensan mucho y buscan mucha información.
- **Personalidad 6**: piensan continuamente en lo que puede salir mal y haciendo planes para evitarlo.
- **Personalidad 7**: están haciendo proyectos en su mente permanentemente.

2. Sentimiento:

- **Personalidad 2**: son muy sensibles por lo que les pasa a los demás.
- **Personalidad 3**: no les dan importancia a los sentimientos.
- **Personalidad 4**: fluctúan mucho con el sentimiento desde la nostalgia, la euforia y la depresión.

3. Instinto:

- **Personalidad 8**: Desea imponer su criterio a la fuerza, se excede en placeres, lujos y derroche, y se muestra irascible.
- **Personalidad 9**: Tiene dormido su instinto y lo reemplaza con entretenciones superficiales y externas.
- **Personalidad 1**: Pierde el centro fácilmente por su perfeccionismo, alterándose y mostrándose quisquilloso.

Así mismo los miedos predominantes corresponden a las siguientes tipologías de personalidad:

1. Miedo a la muerte:

- **Tipología 5**: Se expresa como no compartir sus conocimientos y cosas.
- **Tipología 1**: Se expresa como fobias e irascibilidades cuando no se cumple la norma.

2. Miedo a enfrentar:

- **Tipología 6**: Se expresa como esperar aprobación de personas importantes a su alrededor
- **Tipología 7**: Se expresa como no querer ver lo desagradable en las situaciones de la vida.
- **Tipología 9**: Se expresa como no ver las situaciones de conflicto sino las armoniosas.

☐

3. Miedo a ser abandonado:

- **Tipología 2**: Se expresa como satisfacer las necesidades de otros en pos de la aprobación personal.
- **Tipología 4**: Se siente mal cuando siente que lo hacen a un lado, sintiendo envidia de los demás, cuando es él quien quiso ser especial.

4. Miedo a perder:

- **Tipología 3**: Se expresa como la preocupación constante por su imagen y el temor a fracasar, buscando el éxito de sus logros permanentemente
- **Tipología 8**: A toda costa conseguirá lo que se propone, forzando las situaciones, no necesariamente de la mejor manera.

De esta forma, tiene usted un buen panorama de los diferentes tipos de personalidad, con varias características, para que mire con cual se identifica más, y pueda entender las de las demás personas que lo rodean y con quienes pueda compartir en el transcurso de su vida, para que las pueda **respetar**.

EL RESPETO EMPIEZA POR TI MISMO.

Debes estar en la capacidad de poder expresar lo que sientes, de una manera armoniosa, sin herir a las demás personas. No impongas tus criterios. Aprende a negociar en todos los aspectos.

Establece ACUERDOS de todo tipo: de salud, laborales, afectivos y económicos.

Valídate a ti mismo y expresa tus emociones sin perturbar a los demás.

Respeta a todo ser vivo. Trasciende tus miedos. Observa tus creencias y temores. No agredas. Establece los límites necesarios para que cada uno tenga su espacio vital donde pueda expresarse sin molestar al otro, pero no impidas que el otro se exprese.

Cada quien puede expresar lo que quiera y tú no tienes por qué molestarte por eso. Está en su derecho. Es su opinión. Si la tuya es diferente puedes también expresarlo libremente de la manera más amorosa posible, o delimitar, haciendo respetar tu espacio vital y personal.

☐

PRINCIPIO 7:   SERVIR

Dormí y soñé que la vida era alegría.

Desperté y vi que la vida era servicio.

Serví y descubrí que en el servicio se encuentra la alegría.

-   Rabindranath Tagore

¿Cómo Puedo Servir?

De dos maneras: Con la información o con la acción.

Si sirves compartiendo información debes tener en cuenta que ésta debe ser suficiente, eficiente y oportuna. Es decir, que sea completa, entendible, fácil de aplicar y entregada en el momento adecuado.

Es muy importante que la persona que requiera la información, la solicite o que, quien tiene la información la ofrezca, antes de darla, para verificar que quien la va a recibir está listo para recibirla.

Si sirves desde la acción, es muy importante recordar que no debes interferir, por lo tanto, es muy importante que estés atento para tener claro si te corresponde hacerlo o no, porque algunas veces le corresponde a otras personas prestar el servicio, por ejemplo a seres más cercanos a la persona necesitada, o de pronto ella misma lo pueda hacer (Servir con Sabiduría).

Recuerda que Ayudar, **es hacer algo por otra persona que ella no puede hacer por sí misma.** Se excluyen los detalles amorosos que siempre son bienvenidos.

¿Dónde me corresponde servir?

❖ En el preciso lugar donde estoy.

¿De qué manera?

❖ Con todo el amor, con todo el entusiasmo, con toda la alegría, como si fuera para la persona que más amo en la vida.

¿Cuándo?

❖ En todo momento. Y Sólo existe un momento: el presente.

✓ Servir, es reconocer que tienes valores internos para compartir con la humanidad.
✓ Es reconocer tu Divinidad y ponerla en acción.

✓ Es descubrir el gran potencial que tienes de amar y ser con Dios cocreadores de un mundo lleno de satisfacción y plenitud.

✓ Servir es ayudar a embellecer el planeta, es dar lo mejor de ti mismo.

Es AMOR EN ACCION.

✓ Servir es generar abundancia y prosperidad, al recibir lo que das por Ley de Causa y Efecto.

❖ **La riqueza sólo se mide cuando genera bienestar en los demás y se comparte con otros.**

✓ Servir es generar vida con tu ser. Es iluminar el camino de los que viven en la pobreza, la oscuridad, el orgullo y la vanidad.

✓ Servir es la humildad de reconocer tus verdaderos valores, y ofrecerlos para el bienestar de la humanidad.

✓ Servir es dejar que Dios actúe en ti. Que tu Divinidad se exprese como ser humano consciente.

✓ Servir es estar dispuesto, siempre, a dar lo mejor de ti con alegría y entusiasmo en cualquier circunstancia.

✓ Servir es entregarte sin límites y sin condiciones.

✓ Recuerda que los límites solo existen en la mente. Por eso es vital "limpiarla" de miedos, traumas y creencias negativas.

Para servir con amor, debes ser capaz de ver más allá de las apariencias en el ser humano, hasta descubrir su Divinidad como reflejo de la tuya, que se expresa en el servicio mismo.

Es decir, la acción misma del servicio va descubriendo tu propia divinidad por arte de magia.

El Espíritu Santo se hace presente con la decisión de buena voluntad de moverte o ponerte en acción para el servicio. Igualmente, los ángeles y maestros de Luz y Amor, esperan a que los llames para servirte y ayudarte a servir.

✓ Servir es permitir que Dios actúe a través de ti, por amor a los demás y permitirte la satisfacción de poder ver el beneficio, alegría y agradecimiento en los otros, que son tu reflejo y te ayudan a reconocer tu propio valor, porque has servido para generar satisfacción en los demás y eso te da paz y alegría.

Ese es el amor: alegrarse con el bien del otro, que eres tú mismo.

Este principio también se conoce como: "Adaptabilidad", ya que debemos adaptarnos al lugar, a las circunstancias y a las personas con las que estemos, para poder dar lo mejor de nosotros mismos, en todo momento.

3 RESUMEN

Entonces....

¿Cuál es LA FÓRMULA DEL AMOR-SABIDURIA?:

4 A + V + R + S.

ACEPTA- ASUME- ACTUA- AGRADECE

+ VALORA + RESPETA + SIRVE.

ASÍ ESTARÁS VIVIENDO CON AMOR-SABIDURIA TÚ VIDA.

Al aplicar la fórmula del Amor-Sabiduría, debes estar dispuesto a renunciar a algo, en cada principio, de la siguiente manera:

1. **ACEPTA** las situaciones de tu vida, de la vida en general, y renuncia a querer **CAMBIARLAS**, a ellas o a las personas.

2. **ASUME** tu responsabilidad en esas situaciones y renuncia a **CULPAR** a otros.

3. **ACTÚA** con serenidad y calma, y renuncia a **AGREDIR** a los demás (en pensamiento, palabra u obra).

4. **AGRADECE** lo que te enseña la situación, y renuncia a **SUFRIR** por la dificultad.

5. **VALORA** lo que tienes que te ayudó a salir adelante, y renuncia a **QUEJARTE**.

6. **RESPETA** las diferencias de los otros, y renuncia a **CRITICARLOS**.

7. **SIRVE** Y **ADÁPTATE** a las circunstancias, con lo mejor de ti, y **renuncia** a **HUIR** del lugar que te corresponde ocupar, si no se te permite delimitar.

Programación diaria y revisión nocturna:

- ❖ **Lunes**: Hoy **acepto** todo y a todos y no pretendo **cambiar** las circunstancias o a las personas.

- ❖ **Martes**: Hoy **asumo** la responsabilidad de mi vida y de mis experiencias y **no culpo** a nadie ni a nada por ellas.

- ❖ **Miércoles**: Hoy **actúo** con serenidad y efectividad y **no agredo** a nadie.

- ❖ **Jueves**: Hoy **agradezco** lo que aprendo de las dificultades de la vida y **no sufro** por ellas.

- ❖ **Viernes**: Hoy **valoro** todo lo que tengo y **no me quejo.**

- ❖ **Sábado**: Hoy **respeto** las diferencias de las personas y **no las critico** ni las juzgo.

- ❖ **Domingo**: Hoy **sirvo y me adapto** a las circunstancias y personas, dando lo mejor de mí con alegría y entusiasmo, **sin huir** del lugar que me corresponde ocupar.

4 EPILOGO

En cualquier situación de tu vida la propuesta es:

1. **ACEPTAR** que estás en esa situación y renunciar a querer cambiarla, ó a las personas involucradas, sin resistirse a ellas, para poder ser feliz.

2. **ASUMIR** que tienes una responsabilidad en esa situación (por alguna razón la estás viviendo: te corresponde, por ley de la vida), y renunciar a culpar a nadie ni a nada por la experiencia que has elegido vivir desde tu consciencia, y te ha tocado por ley de evolución.

3. **ACTUAR** de manera pacífica, tranquila y armoniosa, renunciando a agredir a los demás en pensamiento, palabra u obra.

4. **AGRADECER** lo que aprendes de la experiencia vivida y renunciar a sufrir por esa dificultad o problema (en realidad es una oportunidad de crecimiento), que te permitió encontrar tu propio valor.

5. **VALORAR** lo que tienes y lo que usaste para salir adelante en esa situación, y renunciar a quejarte de eso que tienes. Disfrútalo, sácale provecho.

6. **RESPETAR** los puntos de vista de otras personas en esa situación, escuchándolos con apertura, y también respetando tu propio punto de vista, expresándolo con Amor. Es necesario renunciar a criticar a aquellos que piensen o se comporten de manera diferente a tus expectativas. Mejor si no tienes expectativas al respecto, para no juzgar.

7. **SERVIR**. Finalmente, con todo lo anterior, seguirás dando lo mejor de ti, a todos, con tu mayor entusiasmo. Eso es AMAR. Renunciando a huir del lugar que te corresponde, salvo que la vida te permita delimitar.

Te propongo que, en cualquier situación de tu vida, vivas de acuerdo a la fórmula del Amor-Sabiduría, es una herramienta eficaz para que vivas plenamente consciente.

Cuando no te sientas satisfecho, utiliza preguntas que te permitan ir a tu interior porque como dicen los jesuitas: la única salida es hacia adentro.

Puedes preguntarte, por ejemplo:

¿Cómo está mi salud física, mental y emocional?

¿Estoy sano y con entusiasmo y disfruto la vida? o ¿me estoy quejando permanentemente?

¿Cómo están mis relaciones con los demás seres del universo?, ¿soy respetuoso?

¿Cómo me estoy adaptando a las circunstancias?

¿Tengo los recursos necesarios para hacer lo que necesito hacer?

¿Qué tanto estoy sirviendo y compartiendo mis valores?

CONÉCTATE CON TU DIVINIDAD Y AMA.

5 ANEXO

LOS 7 PRINCIPIOS Y LOS 7 DONES DEL ESPIRITU SANTO.

 El Espíritu Santo es el que ES, además por sus iniciales. Es la tercera persona de la Santísima Trinidad, el Dios de la Iglesia Cristiana; es la posibilidad de vivenciar a Dios, ya que a Él no lo podemos ver, y cuando Jesús el Cristo retornó al Padre, nos dejó el Espíritu Santo para que nos acompañe en nuestra vida.

En la Sagrada Biblia, aparecen los 7 dones del Espíritu Santo, y aquí los relaciono con las 7 herramientas del Amor:

☐

	Herramienta	Renuncia		Don Espíritu Santo
1	Acepto	No cambio lo externo	1	Fortaleza
2	Asumo	No culpo	2	Entendimiento
3	Actúo	No agredo	3	Sabiduría
4	Agradezco	No sufro	4	Consejo
5	Valoro	No me quejo	5	Temor (Respeto) de Dios
6	Respeto	No critico	6	Piedad
7	Sirvo	No huyo	7	Conocimiento

Necesitas el don de la **FORTALEZA**, para poder **ACEPTAR** todas las situaciones difíciles y dolorosas de la vida, sobre todo en este momento tan difícil que atraviesa la humanidad, sin querer cambiarlas, más bien orando y manteniendo la Fe al mismo tiempo.

Necesitas el don del **ENTENDIMIENTO**, para darte cuenta que no debes **culpar** a nada externo por lo que te pasa, sino aprender a **ASUMIR** la responsabilidad de tus decisiones y acciones.

Necesitas el don de la **SABIDURÍA**, para **ACTUAR** con prudencia y acierto, sin ser **agresivo**, ya que eso no te trae buenos resultados y con la experiencia te vuelves sabio. Si aprendes de las equivocaciones, te equivocarás menos en el futuro. Debes dejar el miedo a equivocarte, pues así aprendes.

Necesitas el don del **CONSEJO**, para saber que no debes **sufrir** por las dificultades, sino, aprender a **AGRADECER** lo que aprendes de ellas, que te enseñan e invitan a sacar de ti todos tus talentos para superarlas y seguir adelante en la vida; eso lo compartes con quienes estén dispuestos a recibir la información.

Necesitas el don del **TEMOR (RESPETO) DE DIOS**, para **VALORAR** toda su creación y no maltratarla, y de esa manera no **quejarte** y poder apreciar todas las maravillas de la vida, simples y hermosas, como el don de la respiración, los 5 sentidos, el alma y la misericordia de Dios.

Necesitas el don de la **PIEDAD** para no criticar a los que muestran diferencias contigo en su forma de pensar o actuar, y así aprender a **RESPETARLOS**.

Necesitas el don del **CONOCIMIENTO**, para aplicarlo de la mejor forma al **SERVICIO** de todos tus hermanos sin distinción, sin condiciones, y sin disculpas para **huir** del lugar en que la vida te ha ubicado en su inmensa sabiduría, según los designios divinos.

ORACIÓN DE SABIDURÍA Y AMOR.

Señor, envíame tu ESPIRITU SANTO para que me dé:

FORTALEZA para **aceptar** las situaciones de la vida, sin querer cambiarlas, manteniendo la Fe y la oración permanentes,

ENTENDIMIENTO para **asumir** mi vida y no culpar a nadie ni a nada por mis problemas y dificultades,

SABIDURÍA para **actuar** con serenidad y asertividad sin agredir a nadie,

CONSEJO para aprender a **agradecer** lo que aprendo de las dificultades de la vida, sin sufrir por ellas, apoyando a otros de igual manera,

TEMOR (RESPETO) DE DIOS, para aprender a **valorar** su creación en los 4 reinos (mineral, vegetal animal y humano) y no quejarme de su hermosura y bendición.

PIEDAD, para aprender a respetar a mis hermanos y no criticarlos, y **CONOCIMIENTO (DISCERNIMIENTO)**, para pensar lo mejor, decir lo adecuado y hacer lo necesario, en beneficio de mis hermanos, sirviendo de la mejor manera, al estilo de Jesús, sin huir del lugar que me corresponde y donde Tú me ubicaste, Padre Eterno.

Amén.

AUTOR

Espero que elijan vivir de acuerdo a la propuesta de La **Fórmula del Amor-Sabiduría**, y que comprueben sus excelentes resultados.

Gracias por llegar hasta aquí.

DIOS LOS BENDIGA.

Felicidades,

Luis Miguel Valderrama.

REFERENCIAS

Las imágenes han sido extraídas del sitio web que ofrecen las imágenes de forma gratuita.

https://pixabay.com/es/

Espíritu Santo

https://pixabay.com/es/illustrations/fe-dove-espíritu-santo-4664706/

CPSIA information can be obtained
at www.ICGtesting.com
Printed in the USA
LVHW050010150222
711111LV00015B/3055